*que
tempos
são
estes*

e outros poemas

edição bilíngue

Adrienne Rich

organização e tradução:
Marcelo Lotufo

© 2018 Edições Jabuticaba
Revisão: Rodrigo A. do Nascimento e Cláudia T. Alves
Design miolo: Marcelo F. Lotufo
Design capa: Bruna Kim
Imagens da capa: gravuras originais de Helena Freddi

Tradução publicada em acordo com W. W. Norton and Company
This translation was published in arrangement with W.W. Norton and Company

Que tempos são estes e outros poemas/ Adrienne Rich trad. Marcelo F. Lotufo. São Paulo: Edições Jabuticaba, 2018.

ISBN: 978-85-93478-10-9
1. Poesia norte-americana
CDD: 811

Edições Jabuticaba
www.ediçõesjabuticaba.com.br
www.facebook.com.br/Edjabuticaba

Índice

Breve nota sobre a poesia de Adrienne Rich - 5
Marcelo Lotufo

Implosões - 12
Implosions - 13

À beira - 14
On edges - 15

A queima de papel em vez de crianças - 18
The Burning of Paper Instead of Children - 19

Da Casa de Detenção - 30
From the Prison House - 31

Mergulhar no naufrágio - 34
Diving into the Wreck - 35

Dien Bien Phu - 42
Dien Bien Phu - 43

Uma mulher morta aos quarenta - 46
A Woman Dead in Her Forties - 47

Tempo norte-americano - 62
North American Time - 63

Que tempos são estes - 80
What Kind of Times Are These - 81

Breve nota sobre a poesia de Adrienne Rich

O que faz um poema ser politicamente relevante? A pergunta é difícil de ser respondida, sobretudo porque poesia não é mero discurso sobre algo, mas um arranjo no qual operam temporalidades diversas: a do sujeito, a da investigação do presente e a da tradição com a qual se dialoga. Ainda assim, é essa a pergunta que parece nortear a poesia de Adrienne Rich (1929-2012), tanto temática como formalmente, e que pauta a seleção dos poemas aqui compilados.

Rich despontou como poeta bastante jovem, ao ganhar o prestigioso Yale Series of Young Poets Award, em 1951, escolhida vencedora por ninguém menos que W. H. Auden, então espécie de decano da poesia em língua inglesa. Integrante de uma geração de mulheres-prodígio da literatura estadunidense, contemporânea de Sylvia Plath e Elizabeth Bishop, Adrienne Rich se deparou, assim como elas, com um mundo literário pouco amigável a escritoras mulheres. Desde o seu primeiro livro, entretanto, mostrou-se disposta a enfrentar este desafio, apontando, com esmero formal e alguma deferência aos mestres do momento, para a necessidade de se rever a poesia acadêmica e o modernismo epigônico do próprio Auden.

Temas cotidianos, com destaque para questões domésticas, um assunto tido como menos poético, sustentavam os seus melhores poemas de juventude. Em outras palavras, o lirismo e o formalismo de Rich não evitavam o mundo à sua volta em prol da pretensão universalizante então em voga. Era a sua experiência de vida, que seria ampliada com o tempo, que norteava a sua escrita. Aos poucos, a poeta transformaria também o seu cânone pessoal, dando maior ênfase para poetas como Emily Dickinson e Muriel Rukeyser, deixando claro que buscaria um caminho seu, diferente daquele de seus professores; um caminho no qual pensaria tanto o presente, como revisitaria o passado de uma forma crítica e proativa a partir do seu próprio lugar de fala.

Com a ascensão dos movimentos por direitos civis da minoria negra e dos movimentos contrários à guerra do Vietnã, dos quais a poeta participou nos anos sessenta e setenta, a poesia de Rich passou a dialogar de forma mais direta com a política, para horror de parte da crítica, que via desleixo na sua opção por temas contemporâneos e versos livres acessíveis, mais propícios para quem procurava pensar poesia como intervenção. Rich fazia uma escolha consciente temática e formalmente. E desejava, como escritora, estar presente.

Como Whitman, pedra de toque da poesia norte-americana, a poeta escolhia se entregar às batalhas do seu tempo. "I am the man, I suffered, I was there", escreveu Whitman, pensando na guerra civil norte-americana: "I do not ask the wounded person how he feels, I myself become the wounded person". Ao se colocar na linha de frente das lutas do período, organizando leituras contra a guerra, ensinando escrita em programas de acesso à universidade para jovens carentes e participando de incontáveis protestos e passeatas, Rich também procurava fazer-se presente e, de alguma forma, aproximar-se de dores e lutas que poderiam não parecer serem diretamente suas, uma vez que se considerava filha da classe média branca norte-americana.

Poesia, entretanto, também é um exercício de alteridade e compaixão. Para Rich, a sua literatura poderia fomentar sentimentos solidários e de comunidade; poderia estar à frente das lutas de que ela participava, ajudando romper barreiras de classe, gênero e cor: "What I am telling you / is told by a white woman who they will say / was never there. I say I am there." Para Rich, poemas podiam romper silêncios e criar elos. Lutando contra os limites da sua própria experiência e da própria literatura acadêmica, Rich passa a incorporar outras vozes e perspectivas em sua escrita: a mãe imigrante que ainda não domina o inglês, ou a jovem universitária negra, vista como uma estranha no campus onde deveria sentir-se acolhida.

Junto de sua carreira como poeta, Rich também desenvolveu uma forte presença ensaística no cenário acadêmico norte-americano, escrevendo principalmente como parte da chamada segunda onda feminista. Se o feminismo até então fora marcado por uma experiência de mundo heterossexual, branca e de classe média, as lutas por igualdades sociais e raciais das quais Rich participava deixavam claro que outras experiências de mundo também precisavam ser contempladas pelo movimento. A sua própria sexualidade, investigada em ensaios e poemas de temática lésbica e autorreflexivos, revela neste contexto outra forma de se posicionar politicamente, pois mostrava ser preciso repensar as valências das relações em um mundo patriarcal, além da diversidade sexual dentro do próprio feminismo. Era preciso fortalecer os elos entre as mulheres. O mesmo poder que suprimia a sexualidade que o incomodava, que reprimia a diferença, enviava jovens para morrer no Vietnã, e relegava setores da sociedade à pobreza endêmica. A naturalização de relações homossexuais, para Rich, seria um passo importante na revisão de um sistema patriarcal e capitalista que se mostrava falido.

Desse modo, a poesia mais introspectiva de Rich se tornava tão política quanto seus versos sobre a Guerra do Golfo, ou a sua recusa em receber a medalha de mérito artístico, a honraria mais alta dada a artistas pelo governo norte-americano, oferecida à Rich pelo governo de Bill Clinton. Mergulhar na escuridão de um oceano particular, buscando entender os fragmentos de nossas próprias vidas e escolhas, mas também os reflexos que a nossa sociedade falida tem em nós, é o desafio que Rich nos faz. A volta para o próprio sujeito não era um abandono do seu ativismo, mas a compreensão de que o sistema - e a repressão - funciona em diversos níveis.

É importante ressaltar, entretanto, que o percurso político de Rich, assim como o de outros escritores, engendrava seus próprios riscos, os quais a poeta reconhecia e abraçava. Propondo focar em questões do seu presente, mergulhando nas lutas políticas do seu tempo, a poeta assumia leituras contemporâneas que poderiam ser revistas com o distanciamento do tempo. Ela assumia o risco de se posicionar. Falar para o presente é, também, ser julgada pelo futuro. Este, entretanto, para Rich, é o privilégio da palavra; é uma prerrogativa da própria escrita. Escrever é sempre escrever no seu próprio tempo; é sempre se posicionar, sabendo que você poderá ser cobrada pelo que diz. A outra opção, entretanto, seria ausentar-se; seria o próprio silêncio. Não se pronunciar ou se esconder em uma etérea pretensão universal, para Rich, seriam o mesmo que abandonar a sua comunidade, alinhando-se ao status quo. Ser política sem soar dogmática ou parecer rapidamente datada, entretanto, não é tarefa fácil. Só a boa poesia consegue este feito.

A pergunta que permanece para o leitor passados cinquenta anos da escrita de alguns destes poemas, é por que o presente de Rich parece continuar tão contemporâneo e premente em 2018. Por que estes poemas, escritos entre 1968 e 1990, continuam falando conosco de uma forma tão forte e direta; por que continuam necessários? Se quarenta anos depois ainda não fomos capazes de completar as lutas das quais Rich participou, o que isso diz sobre nós como sociedade? Talvez fosse melhor que a sua poesia, sempre política e escrita para o presente, soasse datada e histórica, advinda de um passado já resolvido. A vitória seria de todos nós. Assim como a continuidade das injustiças retratadas - o fato de sua poesia continuar tão urgente - é uma vergonha e uma derrota que precisamos confrontar.

que tempos são estes

e outros poemas

Adrienne Rich

IMPLOSÕES

*O mundo não
é devasso
só vacilante e selvagem*

Eu queria escolher palavras pelas quais até você
seria transformada

Tome a palavra
do meu pulso, amorosa e comum
Transmita seus sinais, hasteie
suas bandeiras escuras e rabiscadas
mas tome
a minha mão

Todas as guerras são inúteis para os mortos

Minhas mãos estão atadas à corda
e não consigo tocar o sino

Estão congeladas na chave
e não consigo invertê-la

O pé está na roda

Quando tudo acabar e estivermos deitadas
nos restos de flores abrasadas
bocas a fitar, olhos boquiabertos
empoeiradas com macerados blues arteriais

Não terei feito nada
nem mesmo para você?

1968

IMPLOSIONS

*The world's
not wanton
only wild and wavering*

I wanted to choose words that even you
would have to be changed by

Take the word
of my pulse, loving and ordinary
Send out your signals, hoist
your dark scribbled flags
but take
my hand

All wars are useless to the dead

My hands are knotted in the rope
and I cannot sound the bell

My hands are frozen to the switch
and I cannot throw it

The foot is in the wheel

When it's finished and we're lying
in a stubble of blistered flowers
eyes gaping, mouths staring
dusted with crushed arterial blues

I'll have done nothing
even for you?

1968

À BEIRA

Quando o gelo começa a trincar
por todo o espelho d'água
ou quando folhas de vitória-régia
dissecam uma simples superfície
a palavra 'afogar' corre através de mim.
Você construiu um piso vítreo
que me segurou
enquanto eu me inclinava para pescar velhos
anzóis e latas de ferro dentadas,
caules açoitando como cintos de
roupões de seda
arcanjos do lago-luz
presos na lama.

Agora você me entrega uma carta rasgada.
De joelhos, nas cinzas, eu nunca conseguiria
juntar estes flocos despedaçados.
No táxi ainda estou tentando
montar as sílabas
traduzindo a todo vapor como uma máquina pensante
que digita 'monstro' por 'inútil'
e 'abajur' por 'história'.
Cruzando a ponte, preciso de toda a coragem
para confiar em cabos produzidos por homens.

As lâminas daquela máquina
poderiam cortar você em tirinhas
mas a função dela é humana.
Será que isso é tudo o que posso dizer sobre esses
delicados anzóis, intenções curvas feito foices
com as quais eu e você lidamos? Eu preferiria

ON EDGES

When the ice starts to shiver
all across the reflecting basin
or water-lily leaves
dissect a simple surface
the word 'drowning' flows through me.
You built a glassy floor
that held me
as I leaned to fish for old
hooks and toothed tin cans,
stems lashing out like ties of
silk dressing-gowns
archangels of lake-light
gripped in mud.

Now you hand me a torn letter.
On my knees, in the ashes, I could never
fit these ripped-up flakes together.
In the taxi I am still piecing
what syllables I can
translating at top speed like a thinking machine
that types out 'useless' as 'monster'
and 'history' as 'lampshade'.
Crossing the bridge I need all my nerve
to trust to the man-made cables.

The blades on that machine
could cut you to ribbons
but its function is humane.
Is this all I can say of these
delicate hooks, scythe-curved intentions
you and I handle? I'd rather

provar sangue, o seu ou o meu, correndo
de um rasgo repentino, a recortar o dia todo
com tesouras cegas em linhas pontilhadas
como mandou o professor.

1968

taste blood, yours or mine, flowing
from a sudden slash, than cut all day
with blunt scissors on dotted lines
like the teacher told.

1968

A QUEIMA DE PAPEL EM VEZ DE CRIANÇAS

Eu corria o risco de verbalizar os meus impulsos morais para fora da existência.
—Frei Daniel Berrigan no seu julgamento em Baltimore.

1.

Meu vizinho, um cientista e colecionador de arte, me telefona em um estado de emoção violenta. Me conta que o seu filho e o meu, de doze e onze anos, queimaram no último dia de aula livros de matemática no quintal. Ele proibiu o meu filho de ir à sua casa por uma semana, e o seu de sair à rua durante o mesmo tempo. "Ver livros queimando", ele diz, "traz à tona sensações terríveis em mim, memórias de Hitler; poucas coisas me deixam tão transtornado como a ideia de queimar um livro".

Lá atrás: a biblioteca, murada
com Britannicas verdes
Procurando outra vez
MELENCOLIA, a mulher perplexa
nas *Obras Completas* de Dürer

os crocodilos em Heródoto
o Livro dos Mortos
O Julgamento de Joana D'Arc, tão azul
eu penso, é Esta a cor dela

e levam o livro embora
porque sonho demais com ela

amor e medo em uma casa
conhecimento do opressor
eu sei que dói queimar

THE BURNING OF PAPER INSTEAD OF CHILDREN

I was in danger of verbalizing my moral impulses out of existence.
—Fr. Daniel Berrigan, on trial in Baltimore

1.

My neighbor, a scientist and art-collector, telephones me in a state of violent emotion. He tells me that my son and his, aged eleven and twelve, have on the last day of school burned a mathematics text-book in the backyard. He has forbidden my son to come to his house for a week, and has forbidden his own son to leave the house during that time. "The burning of a book," he says, "arouses terrible sensations in me, memories of Hitler; there are few things that upset me so much as the idea of burning a book."

Back there: the library, walled
with green Britannicas
Looking again
in Dürer's *Complete Works*
for MELENCOLIA, the baffled woman

the crocodiles in Herodotus
the Book of the Dead
the *Trial of Jeanne d'Arc*, so blue
I think, It is her color

and they take the book away
because I dream of her too often

love and fear in a house
knowledge of the oppressor
I know it hurts to burn

2.

Imaginar um tempo de silêncio
ou de poucas palavras
um tempo de química e música

as covinhas acima das suas nádegas
desenhadas pela minha mão
ou, *cabelo é como carne*, você disse

uma época de longo silêncio

alívio

desta língua   desta pedra calcária
ou concreto reforçado
fanáticos e comerciantes
despejados nesta costa   verde-selvagem   vermelho-argila
que respirou um dia
em sinais de fumaça
varrição do vento

conhecimento do opressor
esta é a língua dele

e mesmo assim preciso dela para falar com você

2.

To imagine a time of silence
or few words
a time of chemistry and music

the hollows above your buttocks
traced by my hand
or, *hair is like flesh*, you said

an age of long silence

relief

from this tongue   the slab of limestone
or reinforced concrete
fanatics and traders
dumped on this coast   wildgreen   clayred
that breathed once
in signals of smoke
sweep of the wind

knowledge of the oppressor
this is the oppressor's language

yet I need it to talk to you

3.

"As pessoas sofrem altivamente na pobreza e é preciso dignidade e inteligência para superar esse sofrimento. Partes desse sofrimento são: uma criança não tem janta na noite passada: uma criança rouba porque não tem dinheiro para comprar: escutar uma mãe dizer que não tem dinheiro para comida dos filhos e ver uma criança sem fralda isso vai encher de lágrimas os seus olhos."

(a fratura da ordem
o conserto da fala
para superar este sofrimento)

3.

"People suffer highly in poverty and it takes dignity and intelligence to overcome this suffering. Some of the suffering are: a child did not had dinner last night: a child steal because he did not have money to buy it: to hear a mother say she do not have money to buy food for her children and to see a child without cloth it will make tears in your eyes".

(the fracture of order
the repair of speech
to overcome this suffering)

4.

Deitamos embaixo dos lençóis
após fazer amor, conversando
sobre a solidão
aliviada em um livro
avivada em um livro
então naquela página
o coágulo e a fissura
dela aparecem
palavras de um homem
com dor
a palavra nua
entrando no coágulo
uma mão agarrando
por entre as grades:

libertação

O que acontece entre nós
acontece há séculos
sabemos disso pela literatura

ainda assim acontece

ciúme sexual
a mão lançada
batendo na cama

a secura da boca
depois de ofegar

4.

We lie under the sheet
after making love, speaking
of loneliness
relieved in a book
relived in a book
so on that page
the clot and fissure
of it appears
words of a man
in pain
a naked word
entering the clot
a hand grasping
through bars:

deliverance

What happens between us
has happened for centuries
we know it from literature

still it happens

sexual jealousy
outflung hand
beating bed

dryness of mouth
after panting

há livros que descrevem tudo isso
e eles são inúteis

Você entra caminhando num bosque atrás de uma casa
lá naquele país
você encontra um templo
construído há mil e oitocentos anos
e entra sem saber
onde você entrou

é assim também conosco

ninguém sabe o que pode acontecer
ainda que os livros expliquem tudo

queimem os textos   disse Artaud

there are books that describe all this
and they are useless

You walk into the woods behind a house
there in that country
you find a temple
built eighteen hundred years ago
you enter without knowing
what it is you enter

so it is with us

no one knows what may happen
though the books tell everything

burn the texts   said Artaud

5.

Estou compondo tarde da noite na máquina de escrever, pensando no dia de hoje. Como todos falamos bem. A língua é um mapa dos nossos fracassos. Frederick Douglass escreveu em um inglês mais puro que o de Milton. Pessoas sofrem altivamente na pobreza. Existem métodos, mas nós não os usamos. Joana, que não sabia ler, falava alguma variante camponesa do francês. Partes desse sofrimento são: é difícil dizer a verdade; isto é a América; não posso tocar em você agora. Na América temos somente o presente do indicativo. Estou em perigo. Você corre perigo. Ver livros queimando não me traz nenhuma sensação. Eu sei que dói queimar. Tem labaredas de napalm em Catonsville, no estado de Maryland. Eu sei que dói queimar. A máquina de escrever está superaquecida, a minha boca está queimando, não posso tocar em você e esta é a língua do opressor.

1968

5.

I am composing on the typewriter late at night, thinking of today. How well we all spoke. A language is a map of our failures. Frederick Douglass wrote an English purer than Milton's. People suffer highly in poverty. There are methods but we do not use them. Joan, who could not read, spoke some peasant form of French. Some of the suffering are: it is hard to tell the truth; this is America; I cannot touch you now. In America we have only the present tense. I am in danger. You are in danger. The burning of a book arouses no sensation in me. I know it hurts to burn. There are flames of napalm in Catonsville, Maryland. I know it hurts to burn. The typewriter is overheated, my mouth is burning, I cannot touch you and this is the oppressor's language.

1968

DA CASA DE DETENÇÃO

Sob minhas pálpebras se abriu outro olho
ele encara nuamente
a luz

que satura vinda do mundo da dor
mesmo quando durmo

Fixo, o olho observa
tudo aquilo pelo que estou passando

e mais

vê os porretes e as coronhas
subindo e caindo
vê

detalhe ausente na TV

os dedos da mulher policial
vasculhando a buceta da jovem prostituta
vê

as baratas caírem na panela
onde as bistecas são cozidas
na Casa de D

vê
a violência
incrustrada no silêncio

FROM THE PRISON HOUSE

Underneath my lids another eye has opened
it looks nakedly
at the light

that soaks in from the world of pain
even when I sleep

Steadily it regards
everything I am going through

and more

it sees the clubs and rifle-butts
rising and falling
it sees

detail not on TV

the fingers of the policewoman
searching the cunt of the young prostitute
it sees

the roaches dropping into the pan
where they cook the pork
in the House of D

it sees
the violence
embedded in silence

Esse olho
não é para chorar
a sua visão
precisa ser límpida

embora haja lágrimas no meu rosto

sua intenção é a clareza
não pode esquecer
nada

Setembro de 1971

This eye
is not for weeping
its vision
must be unblurred

though tears are on my face

its intent is clarity
it must forget
nothing

September 1971

MERGULHAR NO NAUFRÁGIO

Tendo antes lido o livro dos mitos,
e carregado a câmera,
e conferido o fio da faca,
eu visto
a armadura de borracha preta
os absurdos pés de pato
a grave e estranha máscara.
Preciso fazer isto
não como Cousteau com o seu
time assíduo
a bordo de uma escuna inundada pelo sol
mas aqui, sozinha.

Há uma escada.
A escada está sempre ali
inocentemente dependurada
encostada na lateral da escuna.
Nós sabemos para o que ela serve,
nós que já a utilizamos.
Do contrário
ela é uma peça de borra marítima
um equipamento qualquer.

Eu desço.
Degrau por degrau e ainda
assim o oxigênio me submerge
a luz azul
os átomos límpidos
do nosso ar humano.
Eu desço.
Os pés de patos me deixam aleijada;

DIVING INTO THE WRECK

First having read the book of myths,
and loaded the camera,
and checked the edge of the knife-blade,
I put on
the body-armor of black rubber
the absurd flippers
the grave and awkward mask.
I am having to do this
not like Cousteau with his
assiduous team
aboard the sun-flooded schooner
but here alone.

There is a ladder.
The ladder is always there
hanging innocently
close to the side of the schooner.
We know what it is for,
we who have used it.
Otherwise
it's a piece of maritime floss
some sundry equipment.

I go down.
Rung after rung and still
the oxygen immerses me
the blue light
the clear atoms
of our human air.
I go down.
My flippers cripple me,

rastejando como um inseto, eu desço a escada
e não há ninguém
para me dizer quando o oceano
começará.

Primeiro o ar é azul e então
ainda mais azul e então verde e então
preto está tudo ficando preto e ainda assim
a minha máscara é poderosa
bombeia o meu sangue com força
o oceano é outra história
o oceano não é uma questão de poder
preciso aprender sozinha
a girar sem força o meu corpo
no elemento profundo.

E agora: é fácil esquecer
em busca do que eu vim
entre tantos que sempre
viveram aqui
balançando os seus leques crenulados
entre corais
e além disso
respira-se diferente aqui embaixo.

Eu vim explorar o naufrágio.
Palavras são fins.
Palavras são mapas.
Eu vim para ver o estrago que foi feito
e os tesouros que prevalecem.
Eu varro com o feixe da minha lanterna
vagarosamente o flanco
de algo mais permanente
do que peixes ou algas

I crawl like an insect down the ladder
and there is no one
to tell me when the ocean
will begin.

First the air is blue and then
it is bluer and then green and then
black I am blacking out and yet
my mask is powerful
it pumps my blood with power
the sea is another story
the sea is not a question of power
I have to learn alone
to turn my body without force
in the deep element.

And now: it is easy to forget
what I came for
among so many who have always
lived here
swaying their crenellated fans
between the reefs
and besides
you breathe differently down here.

I came to explore the wreck.
The words are purposes.
The words are maps.
I came to see the damage that was done
and the treasures that prevail.
I stroke the beam of my lamp
slowly along the flank
of something more permanent
than fish or weed

aquilo pelo que eu vim:
o naufrágio e não a história do naufrágio
a coisa em si e não o mito
o rosto afogado sempre olhando
em direção ao sol
a evidência do estrago
gasto pelo sal e pela maré nesta beleza surrada
as costelas do desastre
curvando suas manifestações
entre assombrações incertas.

Este é o lugar.
E eu estou aqui, a sereia cujos cabelos escuros
escorrem pretos, o tritão em seu corpo encouraçado
Nós orbitamos em silêncio
no entorno do naufrágio
mergulhamos no porão.
Eu sou ela: eu sou ele

cujo rosto afogado dorme de olhos abertos
cujos peitos ainda carregam o cansaço
cuja prata, cujo cobre, cuja carga de metais carmesins jaz
obscura dentro de barris
meio encaixados, deixados para apodrecer
somos os instrumentos bastante destruídos
que um dia mantiveram uma rota
o diário de bordo corroído pela água
a bússola descompassada

Nós somos, eu sou, você é
por covardia ou coragem
aquela que encontra o nosso caminho

the thing I came for:
the wreck and not the story of the wreck
the thing itself and not the myth
the drowned face always staring
toward the sun
the evidence of damage
worn by salt and sway into this threadbare beauty
the ribs of the disaster
curving their assertion
among the tentative haunters.

This is the place.
And I am here, the mermaid whose dark hair
streams black, the merman in his armored body
We circle silently
about the wreck
we dive into the hold.
I am she: I am he

whose drowned face sleeps with open eyes
whose breasts still bear the stress
whose silver, copper, vermeil cargo lies
obscurely inside barrels
half-wedged and left to rot
we are the half-destroyed instruments
that once held to a course
the water-eaten log
the fouled compass

We are, I am, you are
by cowardice or courage
the one who find our way

de volta a essa cena
carregando a faca, a câmera
o livro dos mitos
no qual
os nossos nomes não constam.

1972

back to this scene
carrying a knife, a camera
a book of myths
in which
our names do not appear.

1972

DIEN BIEN PHU

Uma enfermeira no campo de batalha
se feriu, mas trabalhando

    sonha
        que cada homem que toca
        é uma granada humana
            uma arma antipessoal
              que pode explodir em seus braços

Por quanto tempo
    ela conseguirá continuar assim
    colocando misericórdia
    à frente de sobrevivência

Ela caminha
com um vestido branco
manchado de terra e sangue

        seguindo uma estrada cercada
        por campos há muito
        abandonados   detonados

    cemitérios de um nome
    ou de dois

Uma mão
se estende como arame farpado
é terrivelmente solitária

DIEN BIEN PHU

A nurse on the battlefield
wounded herself, but working

        dreams
                that each man she touches
                is a human grenade
                          an anti-personnel weapon
                          that can explode in her arms

How long
        can she go on like this
        putting mercy
        ahead of survival

She is walking
in a white dress stained
with earth and blood

                down a road lined
                with fields long
                given up   blasted

            cemeteries of one name
            or two

A hand
juts out like barbed wire
it is terribly alone

se tomar esta mão
                  será que cortará os seus pulsos outra vez

se passar por ela

                  será que acabará tornando-se um caso
                  de trauma de guerra, olhos
                  vitrificados para sempre na

                                tabela branca da
                                amnésia

1973

if she takes it
> will it slash her wrists again

if she passes it by

> will she turn into a case
> of shell-shock, eyes
> glazed forever on the
>
> > blank chart of
> > amnesia

1973

UMA MULHER MORTA AOS QUARENTA

1.

Seus peitos/   cortados fora   As cicatrizes
meio apagadas como teriam de ser
anos mais tarde

Todas as mulheres com quem cresci estão sentadas
seminuas nas pedras   no sol
olhamos umas para as outras e
não nos envergonhamos

e você também já tirou a sua blusa
mas não era isto o que você queria:

mostrar o seu torso anulado, marcado por cicatrizes

Eu quase não olho para você
como se o meu olhar pudesse escaldar
mesmo sendo eu quem te amava

Quero encostar os meus dedos
onde os seus peitos estiveram
mas nós nunca fizemos coisas como essas

Você não achou que todas
pareceriam tão perfeitas
não mutiladas

você coloca a
sua blusa de volta: declaração severa:

Existem coisas que não vou partilhar
com todo mundo

A WOMAN DEAD IN HER FORTIES

1.

Your breasts/   sliced-off   The scars
dimmed   as they would have to be
years later

All the women I grew up with are sitting
half-naked on rocks   in sun
we look at each other and
are not ashamed

and you too have taken off your blouse
but this was not what you wanted:

to show your scarred, deleted torso

I barely glance at you
as if my look could scald you
though I'm the one who loved you

I want to touch my fingers
to where your breasts had been
but we never did such things

You hadn't thought everyone
would look so perfect
unmutilated

you pull on
your blouse again: stern statement:

There are things I will not share
with everyone

2.

Você me manda de volta para compartilhar
minhas próprias cicatrizes   antes de tudo
comigo mesma

O que eu escondi dela
o que eu neguei a ela
quais as perdas sofridas

como neste corpo ignorante
ela se escondeu

esperando pela libertação
até que a luz incontrolável começou a jorrar
de cada machucado e sutura
e de todas as aberturas sagradas

2.

You send me back to share
my own scars   first of all
with myself

What did I hide from her
what have I denied her
what losses suffered

how in this ignorant body
did she hide

waiting for her release
till uncontrollable light began to pour
from every wound and suture
and all the sacred openings

3.

Tempo de guerra.   Sentamos em tábuas
mornas, gastas, levemente acinzentadas

a escada reluz onde você me contou que
nadavam as sanguessugas

Eu sinto o cheiro da chama
do querosene   as tábuas

de pinus onde dormimos lado a lado
em leitos estreitos

o campo da noite exalando
a sua escuridão   transformando

criança em mulher
criança em mulher
mulher

3.

Wartime.   We sit on warm
weathered, softening grey boards

the ladder glimmers where you told me
the leeches swim

I smell the flame
of kerosene   the pine

boards where we sleep side by side
in narrow cots

the night-meadow exhaling
its darkness   calling

child into woman
child into woman
woman

4.

Dos nove anos em diante quase todo o nosso amor
tomou a forma de piadas e lealdade

muda: você lutou com uma menina
que disse que iria me derrubar

nós fizemos a lição de casa uma da outra
escrevemos cartas   mantivemos contato, sem nos tocar

mentimos sobre nossas vidas: eu vestindo
o rosto de um casamento respeitável

e você o de uma mulher independente
Nos segurávamos uma na outra através daquele espaço

dedilhando teias
de amor e distanciamento   até o dia

em que a ginecologista tocou os seus seios
e encontrou uma dureza palpável

4.

Most of our love from the age of nine
took the form of jokes and mute

loyalty: you fought a girl
who said she'd knock me down

we did each other's homework
wrote letters   kept in touch, untouching

lied about our lives: I wearing
the face of the proper marriage

you the face of the independent woman
We cleaved to each other across that space

fingering webs
of love and estrangement   till the day

the gynecologist touched your breast
and found a palpable hardness

5.

Você jogou heroicos e necessários
jogos com a morte

uma vez que em sua tribo neoprotestante o vazio
não deveria existir

exceto como um elegante conceito
com o qual você não tinha trânsito

Eu queria que você estivesse aqui esta noite   quero
gritar com você

Não aceite
Não desista

Mas eu estaria me referindo à sua vida corajosa
e irrepreensível, você, decana de mulheres, ou

à sua injusta, antiquada e imperdoável
morte de mulher?

5.

You played heroic, necessary
games with death

since in your neo-protestant tribe the void
was supposed not to exist

except as a fashionable concept
you had no traffic with

I wish you were here tonight   I want
to yell at you

Don't accept
Don't give in

But would I be meaning your brave
irreproachable life, you dean of women, or

your unfair, unfashionable, unforgivable
woman's death?

6.

Você é todas as mulheres que eu já amei
e reneguei

uma corda incandescente e sangrenta estendida
através dos anos, glebas de espaço

Como posso reconciliar esta paixão
com a nossa modéstia

a sua herança calvinista
a minha mocidade congelada em formas

como posso embarcar nesta missão
sem você

você, que poderia ter me falado
tudo o que você sente é verdade?

6.

You are every woman I ever loved
and disavowed

a bloody incandescent chord strung out
across years, tracts of space

How can I reconcile this passion
with our modesty

your Calvinist heritage
my girlhood frozen into forms

how can I go on this mission
without you

you, who might have told me
everything you feel is true?

7.

Você se levanta o tempo todo em sonhos
reprovadora

uma vez de uma cadeira de rodas empurrada por seu pai
através de uma via expressa letal

De todos os meus mortos é você
quem vem até mim inacabada

Você me deixou contas de âmbar
amarradas com turquesas de um túmulo egípcio

Eu as uso me perguntando
Como lhe ser fiel?

E tenho certo receio de escrever poesia
para você   que nunca leu muita poesia

e sou deixada trabalhando
com os segredos e o silêncio

numa linguagem simples: eu nunca te contei como eu te amava
nós nunca falamos da sua morte no seu leito de morte

7.

Time after time in dreams you rise
reproachful

once from a wheelchair pushed by your father
across a lethal expressway

Of all my dead it's you
who come to me unfinished

You left me amber beads
Strung with turquoise from an Egyptian grave

I wear them wondering
How am I true to you?

I'm half-afraid to write poetry
for you   who never read it much

and I'm left laboring
with the secrets and the silence

In plain language: I never told you how I loved you
we never talked at your deathbed of your death

8.

Em uma tarde de outono, em um trem
flagrando o brilho-diamante do pôr do sol

em poças ao longo do rio Hudson
eu pensei: agora eu compreendo

a vida e a morte, as escolhas
eu não sabia da sua escolha

ou de como você não a teve naquele momento
como o corpo diz a verdade no seu atropelo de células

A maior parte do nosso amor tomou a forma
de uma lealdade muda

nós nunca falamos da sua morte no seu leito de morte

mas daqui em diante
eu quero mais luto enlouquecido, mais berros, mais lamentações

Nós nos mantivemos mudas e desleais
porque estávamos com medo

Eu teria encostado os meus dedos
onde os seus peitos estiveram
mas nós nunca fizemos coisas como essa

1974-1977

8.

One autumn evening in a train
catching the diamond-flash of sunset

in puddles along the Hudson
I thought: I understand

life and death now, the choices
I didn't know your choice

or how by then you had no choice
how the body tells the truth in its rush of cells

Most of our love took the form
of mute loyalty

we never spoke at your deathbed of your death

but from here on
I want more crazy mourning, more howl, more keening

We stayed mute and disloyal
because we were afraid

I would have touched my fingers
to where your breasts had been
but we never did such things

1974–1977

TEMPO NORTE-AMERICANO

I

Quando os meus sonhos deram sinais
de que se tornavam
politicamente corretos
sem imagem de rebeldia
escapando para além das fronteiras
quando ao caminhar nas ruas encontrei meus
temas já destacados para mim
consciente de que eu não os relataria
por medo do uso que inimigos fariam
então comecei a me questionar

NORTH AMERICAN TIME

I

When my dreams showed signs
of becoming
politically correct
no unruly images
escaping beyond borders
when walking in the street I found my
themes cut out for me
knew what I would not report
for fear of enemies' usage
then I began to wonder

II

Tudo o que escrevemos
será usado contra nós
ou contra aqueles a quem amamos.
São estes os termos,
ame-os ou deixe-os.
Poesia nunca teve a menor chance
de existir fora da história.
Uma linha datilografada vinte anos atrás
pode arder numa parede em tinta spray
para glorificar a arte como distanciamento
ou torturar aqueles que
não amamos mas também
não quisemos matar

Nós passamos   mas nossas palavras ficam
tornam-se responsáveis
por mais do que pretendíamos

e isso é privilégio verbal

II

Everything we write
will be used against us
or against those we love.
These are the terms,
take them or leave them.
Poetry never stood a chance
of standing outside history.
One line typed twenty years ago
can be blazed on a wall in spraypaint
to glorify art as detachment
or torture of those we
did not love but also
did not want to kill

We move   but our words stand
become responsible
for more than we intended

and this is verbal privilege

III

Experimente sentar-se à máquina de escrever
numa tarde calma de verão
em uma mesa ao lado da janela
no campo, experimente fingir
que o seu tempo não existe
que você é simplesmente você
que a imaginação simplesmente vaga
como uma grande mariposa, sem propósito
experimente dizer a você mesma
que você não responde
à vida da sua tribo
ao sopro do seu planeta

III

Try sitting at a typewriter
one calm summer evening
at a table by a window
in the country, try pretending
your time does not exist
that you are simply you
that the imagination simply strays
like a great moth, unintentional
try telling yourself
you are not accountable
to the life of your tribe
the breath of your planet

IV

Não importa o que você pensa.
Palavras são consideradas responsáveis
tudo o que você pode fazer é escolhê-las
ou escolher
manter-se em silêncio.   Ou, você nunca teve escolha,
o que explica por que as palavras que ficam
são responsáveis

e isso é privilégio verbal

IV

It doesn't matter what you think.
Words are found responsible
all you can do is choose them
or choose
to remain silent.   Or, you never had a choice,
which is why the words that do stand
are responsible

and this is verbal privilege

V

Digamos que você queira escrever
sobre uma mulher fazendo tranças
no cabelo de outra—
direto ou com miçangas e conchinhas
em tranças de três mechas ou em tranças afro—
era bom você saber a grossura
o comprimento   o padrão
por que ela decide trançar o cabelo
como trançam o cabelo dela
em que país se passa essa cena
o que mais acontece por lá

Você precisa saber essas coisas

V

Suppose you want to write
of a woman braiding
another woman's hair—
straight down, or with beads and shells
in three-stand plaits or corn-rows—
you had better know the thickness
the length   the pattern
why she decides to braid her hair
how it is done to her
what country it happens in
what else happens in that country

You have to know these things

VI

Poeta, irmã:⠀⠀palavras—
queiramos ou não—
existem num tempo próprio.
Não adianta protestar⠀⠀*Eu escrevi aquilo*
antes que Kollontai fosse exilada
Rosa Luxemburgo, Malcolm,
Anna Mae Aquash, assassinados,
antes de Treblinka, Birkenau,
Hiroshima, antes de Sharpeville,
Biafra, Bangladesh, Boston,
Atlanta, Soweto, Beirute, Assam
—estes rostos, nomes de postos
arrancados do almanaque
do tempo norte-americano

VI

Poet, sister: words—
whether we like it or not—
stand in a time of their own.
No use protesting   *I wrote that*
before Kollontai was exiled
Rosa Luxemburg, Malcolm,
Anna Mae Aquash, murdered,
before Treblinka, Birkenau,
Hiroshima, before Sharpeville,
Biafra, Bangladesh, Boston,
Atlanta, Soweto, Beirut, Assam
—those faces, names of places
sheared from the almanac
of North American time

VII

Estou pensando nisto em um país
onde palavras são roubadas das bocas
como o pão é roubado das bocas
onde poetas não vão para a cadeia
por serem poetas, mas por serem
de pele escura, mulheres, pobres.
Estou escrevendo isto em um tempo
no qual tudo o que escrevemos
pode ser usado contra aqueles que amamos
onde o contexto nunca está dado
ainda que tentemos explicá-lo exaustivamente
Pelo bem da poesia, ao menos,
eu preciso saber essas coisas

VII

I am thinking this in a country
where words are stolen out of mouths
as bread is stolen out of mouths
where poets don't go to jail
for being poets, but for being
dark-skinned, female, poor.
I am writing this in a time
when anything we write
can be used against those we love
where the context is never given
though we try to explain, over and over
For the sake of poetry at least
I need to know these things

VIII

Às vezes, planando à noite
em um avião sobre a cidade de Nova York
me senti como uma mensageira
chamada para intervir, chamada para confrontar
este campo de luz e escuridão.
Uma ideia grandiosa, nascida de voos.
Mas sob essa ideia grandiosa
está o pensamento de que aquilo que preciso confrontar
depois que o avião assolar na pista de pouso
depois que eu subir a velha escada de casa, me sentando
ao lado da minha velha janela
é feito para partir o meu coração e me reduzir ao silêncio.

VIII

Sometimes, gliding at night
in a plane over New York City
I have felt like some messenger
called to enter, called to engage
this field of light and darkness.
A grandiose idea, born of flying.
But underneath the grandiose idea
is the thought that what I must engage
after the plane has raged onto the tarmac
after climbing my old stairs, sitting down
at my old window
is meant to break my heart and reduce me to silence.

IX

Na América do Norte o tempo vai tropeçando
sem se mover, soltando somente
uma certa dor norte-americana.
Julia de Burgos escreveu:
Meu avô ter sido um escravo
é a minha dor;   tivesse ele sido um senhor
isso seria a minha vergonha.
Palavras de uma poeta, dependuradas sobre uma porta
na América do Norte, no ano de
mil novecentos e oitenta e três.
A lua quase-cheia nasce
falando de forma atemporal sobre mudanças
a partir do Bronx, do rio Harlem,
das cidades afogadas do Quabbin
das colinas funerárias pilhadas
dos pântanos tóxicos, das áreas de testes atômicos

e eu começo a falar outra vez

1983

IX

In North America time stumbles on
without moving, only releasing
a certain North American pain.
Julia de Burgos wrote:
That my grandfather was a slave
is my grief;   had he been a master
that would have been my shame.
A poet's words, hung over a door
in North America, in the year
nineteen-eighty-three.
The almost-full moon rises
timelessly speaking of change
out of the Bronx, the Harlem River
the drowned towns of the Quabbin
the pilfered burial mounds
the toxic swamps, the testing-grounds

and I start to speak again

1983

QUE TEMPOS SÃO ESTES

Há um lugar entre duas fileiras de árvores onde a graça cresce
                                              [colina acima
e a velha estrada revolucionária acaba em sombras
perto da assembleia abandonada pelos perseguidos
que desapareceram nessas sombras.

Caminhei por lá colhendo cogumelos no limite do temor; mas
                                              [não se deixe enganar
este não é um poema russo, isto não é em algum outro lugar,
                                              [mas aqui;
nosso país aproximando-se da sua própria verdade e temor,
da sua própria maneira de fazer pessoas desaparecerem.

Eu não vou dizer onde fica este lugar, a trama escura da floresta
encontrando o feixe de luz não assinalado—
encruzilhadas possuídas por fantasmas, paraíso em decomposição:
eu já sei quem quer comprá-lo, vendê-lo, fazer com que desapareça.

E eu não lhe direi onde fica; então por que eu lhe conto essa e outras
coisas? Porque você ainda me escuta, porque em tempos como estes
para você me escutar ao menos um pouco, é preciso
falar das árvores.

1991

WHAT KIND OF TIMES ARE THESE

There's a place between two stands of trees where the grass
                                                    [grows uphill
and the old revolutionary road breaks off into shadows
near a meeting-house abandoned by the persecuted
who disappeared into those shadows.

I've walked there picking mushrooms at the edge of dread,
                                                    [but don't be fooled,
this isn't a Russian poem, this is not somewhere else but here,
our country moving closer to its own truth and dread,
its own ways of making people disappear.

I won't tell you where the place is, the dark mesh of the woods
meeting the unmarked strip of light—
ghost-ridden crossroads, leafmold paradise:
I know already who wants to buy it, sell it, make it disappear.

And I won't tell you where it is, so why do I tell you
anything? Because you still listen, because in times like these
to have you listen at all, it's necessary
to talk about trees.

1991

Informações adicionais

"Implosions" e "On edges" foram publicados originalmente em *Leaflets* (1969). "The Burning of Paper Instead of Children" em *The Will to Change* (1971). "From the Prison House" e "Diving into the Wreck" em *Diving into the Wreck* (1971-1972). "Dien Bien Phu" em *Poems* (1973-1974). "A Woman Dead in Her Forties" em *The Dream of a Common Language* (1974-1975). "North American Times" em *Your Native Land, Your Life* (1981-1985). E "What Kind of Times Are These" em *Dark Fields of the Republic* (1991-1995).

Os poemas em inglês foram retirados de *Adrienne Rich, Collected Poems (1950-2012)*. New York: W.W. Norton and Company, 2016.

Outros títulos das Edições Jabuticaba

Sereia no copo d'água Nina Rizzi
posfácio Estela Rosa

Por qual árvore espero Eileen Myles
trad. Mariana Ruggieri, Camila Assad e Cesare Rodrigues

Variações sobre tonéis de chuva Jan Wagner
trad. Douglas Pompeu

A invenção dos subúrbios Daniel Francoy
posfácio Guilherme Gontijo Flores

Que tempos são estes Adrienne Rich
trad. Marcelo F. Lotufo

Por trás e pela frente primeiro Kurt Schwitters
trad. Douglas Pompeu

As Helenas de Troia, NY Bernadette Mayer
trad. Mariana Ruggieri

O método Albertine Anne Carson
trad. Vilma Arêas e Francisco Guimarães

O hábito da perfeição Gerard Manley Hopkins
trad. Luis Bueno

Os elétrons (não) são todos iguais Rosmarie Waldrop
trad. Marcelo F. Lotufo

Cálamo Walt Whitman
trad. Eric Mitchell Sabinson

Nocaute / 6 poetas / Cuba / hoje org. José Ramón Sánchez
trad. Rodrigo A. do Nascimento e Mariana Ruggieri

Diário de classe Antonio Arnoni Prado
apresentação Vilma Arêas

Sotto voce e outros poemas John Yau
trad. Marcelo F. Lotufo

Agradecimentos do tradutor a Gabriela Gazzinelli, Eric Mitchell Sabinson, Vilma Arêas, Cláudia T. Alves, Mariana Ruggieri e Rodrigo A. do Nascimento pelas leituras e comentários que melhoraram esta tradução.

Este livro foi impresso na gráfica Forma Certa,
em papel pólen natural e cartão 250g/m²
e composto em Garamond.